Género **Drama**

I0800078

Pregunta esencial

¿Cómo cambian las historias cuando los personajes son encarnados por animales?

La golondrina aprende una lección

Claudia Ramírez

ilustrado por Elizabeth Gómez

Ambiente: Un jardín y la habitación de Joaquín

Personajes: **GOLONDRINA AZUL, GOLONDRINA AMARILLA, GOLONDRINA PÚRPURA, JOAQUÍN, GOLONDRINA VERDE, ABUELA GOLONDRINA, AVE FÉNIX, MÁS GOLONDRINAS DE COLORES**

Escena 1
El atardecer en la vereda

(Las golondrinas vuelan en bandadas entre los rayos del sol al atardecer. Azul, alejada de su grupo, no vuela).

GOLONDRINA AMARILLA *(con preocupación).* ¿Qué le sucede a Azul? ¿Por qué nunca vuela con nosotras?

GOLONDRINA PÚRPURA. Le preguntaré.

(Para llegar donde estaba Azul, Púrpura debe planear con cuidado entre los árboles de la vereda para no tropezar).

GOLONDRINA PÚRPURA *(con cariño).* ¿Qué te ocurre, Azul? ¿Por qué estás aquí sola?

GOLONDRINA AZUL *(cortante).* No quiero volar.

GOLONDRINA PÚRPURA. Ven con nosotras. Es divertido jugar con los rayos del sol.

GOLONDRINA AZUL *(de mal humor).* Púrpura, ¡no quiero ir! No me molestes. Ve tú con ellas.

(Púrpura despliega sus alas y se va planeando hacia su bandada. Azul queda sola en la copa de un árbol).

GOLONDRINA AMARILLA *(intrigada).* ¿Qué te dijo? ¿Por qué está allá sola?

GOLONDRINA PÚRPURA *(enojada).* No me quiso decir. Me dijo que la dejara tranquila.

GOLONDRINA AMARILLA. Pero si nosotras podemos ayudarla con lo que necesite. Para eso somos amigas y miembros de una misma bandada.

GOLONDRINA PÚRPURA. Ella se lo pierde. Intentamos ayudarla, pero su actitud es... *(guarda silencio un instante)* Si sigue así, se quedará sola y sin amigos.

GOLONDRINA AMARILLA. Púrpura, no te enfades con ella. No es la primera vez que prefiere estar lejos de la bandada.

(Con tanto vuelo y tanta charla, Verde escucha la conversación de Púrpura y Amarilla, y se acerca).

GOLONDRINA VERDE. ¿Están hablando de Azul?

(Púrpura y Amarilla asienten).

GOLONDRINA VERDE. Siempre está alejada. Parece triste o preocupada. Y tiene razones para estarlo.

GOLONDRINA AMARILLA. ¿Sabes algo, Verde?

GOLONDRINA VERDE *(susurrando, como en secreto).* Hace un par de días, hablé con ella porque la vi cabizbaja y sus ojos lucían tristes. Me dijo que tenía miedo de no volar como nosotras, pero antes de que yo atinara a decir algo para animarla, me dio la espalda y se fue caminando por la rama.

GOLONDRINA PÚRPURA. Azul es una grosera. ¿Cómo te dejó hablando sola si tú solo querías ayudarla?

(Azul, quien está escondida entre los árboles, escucha toda la conversación).

(Con sigilo para no ser notada, Azul baja del árbol y camina por la vereda).

GOLONDRINA AZUL *(bostezando).* Estoy cansada. Una golondrina no se hizo para caminar. Dormiré un rato sobre el césped, no voy a regresar al árbol de las golondrinas charlatanas.

En el sueño:

AVE FÉNIX. Azul, deja de estar durmiendo. Ve con tus amigas. Abre los ojos, extiende tus alas y vuela. ¡Vuela alto con ellas!

GOLONDRINA AZUL *(despierta sobresaltada).* ¿Quién dijo eso? *(respira; se calma)* Uf, fue solo un sueño.

(La golondrina azul se queda pensativa. Las palabras del Ave Fénix fueron potentes).

GOLONDRINA AZUL *(decidida).* ¡Cambiaré de actitud! Dejaré de estar triste. Las golondrinas me quieren; por eso, hablaban de mí.

(Azul camina de regreso al árbol. En su recorrido por la vereda, ve su reflejo en el agua del río).

GOLONDRINA AZUL *(sorprendida).* ¡Parezco el Ave Fénix del sueño! *(se entristece)* Pero no vuelo.

Escena 2

Las palabras de la anciana

(En el árbol del jardín, Azul camina de un lado hacia el otro, con preocupación, como si en su cabeza hubiera un solo pensamiento).

GOLONDRINA AZUL *(sola).* ¿Por qué tuve ese sueño? ¿Por qué vi al Ave Fénix?

(La abuela golondrina llega volando).

ABUELA GOLONDRINA. Azul, he visto lo que ha ocurrido hoy con tus amigas.

GOLONDRINA AZUL. Abuela, ellas estaban hablando mal de mí.

ABUELA GOLONDRINA. ¿Estás segura?

(La golondrina azul guarda silencio).

ABUELA GOLONDRINA. Eso pensé. Ellas solo intentan ayudarte. Tú eres quien está alejada y distante.

GOLONDRINA AZUL. Pero... *(silencio)*

ABUELA GOLONDRINA. Nada justifica tu actitud hacia ellas. Se han acercado amigablemente y tú te has ido o las has echado.

GOLONDRINA AZUL. Perdón, abuela.

ABUELA GOLONDRINA. No es conmigo con quien debes disculparte; es con ellas. Extiende tus alas, Azul, y ¡vuela! Tú puedes volar.

(Joaquín escucha la conversación desde su ventana. Queda preocupado por Azul).

JOAQUÍN *(solo).* ¿Azul no sabe volar?

ABUELA GOLONDRINA. Ya sabes qué debes hacer: volar y disculparte.

GOLONDRINA AZUL *(triste).* No sé volar, abuela.

ABUELA GOLONDRINA *(decidida).* Claro que sabes, solo que no lo has intentado.

GOLONDRINA AZUL. Bueno, sí sé volar, pero las demás lo hacen muy bien. No me gusta volar con ellas.

(Joaquín, escondido tras la ventana, respira algo aliviado).

ABUELA GOLONDRINA. Ellas son muy hábiles volando, diles que te enseñen.

GOLONDRINA AZUL *(triste).* Soy torpe; se burlarían.

ABUELA GOLONDRINA *(cariñosa).* Ven, volemos.

(Ambas extienden sus alas y planean en el jardín. Alejada, Azul ve cómo se divierten sus amigas. Quiere ir hacia allá, pero se arrepiente. Joaquín ve lo que sucede).

ABUELA GOLONDRINA. ¿Por qué no fuiste al tejado con ellas, Azul?

GOLONDRINA AZUL *(tímida).* Es que... tengo miedo, abuela.

(Joaquín sigue escuchando la conversación de este par de golondrinas que acaban de posarse de nuevo en el árbol).

ABUELA GOLONDRINA. ¿Miedo de qué?

GOLONDRINA AZUL *(cabizbaja).* Se burlarán. Verán que soy torpe. No querrán volar conmigo porque soy lenta y no sé hacer acrobacias.

ABUELA GOLONDRINA. ¡Tienes miedo! No eres la primera ave que le da miedo algo. Todos sienten miedo, ¡hasta yo!

GOLONDRINA AZUL *(con ojos como platos).* ¿Todos sienten miedo? ¡Qué portento de sorpresa!

ABUELA GOLONDRINA. Las razones son diferentes, pero todos sentimos miedo. Valiente es quien enfrenta el miedo y no, quien no lo siente.

(Joaquín sonríe en su ventana al escuchar las palabras de la abuela golondrina, y asiente).

ABUELA GOLONDRINA. Además, nuestra especie es muy privilegiada: al volar, podemos ver los atardeceres, respirar el aire más puro y jugar con los rayos del sol o con las nubes.

GOLONDRINA AZUL. Me gustaría ser un aeroplano potente y atravesar las nubes.

(Azul empieza a imitar un aeroplano. La abuela se ríe; Joaquín, también).

Escena 3

La habitación dorada

(Joaquín, en su habitación, está construyendo algo).

JOAQUÍN. Construiré una pajarera para Azul. Aquí en mi habitación se sentirá segura, feliz y sin miedo.

(Joaquín se concentra haciendo la pajarera. Tenía que ser un espacio cómodo y amplio, digno de una golondrina).

JOAQUÍN. La pintaré de dorado, así parecerá de oro.

(Pasan algunas horas. Joaquín termina la habitación).

JOAQUÍN *(por la ventana).* Azul, quiero mostrarte algo.

(Azul llega presurosa).

JOAQUÍN *(mostrándole la pajarera).* Hice esto para ti.

GOLONDRINA AZUL. Está preciosa. Tiene un nido mullido y una cesta con alimentos. ¡Gracias!

JOAQUÍN *(entusiasmado).* Además, te compré esto. *(le entrega un paquetico)*

GOLONDRINA AZUL *(con alegría).* Es un gimnasio. ¡Podré ejercitarme! No necesitaré volar. Y hay un micrófono de juguete. Podremos cantar juntos como si estuviéramos en un gran concierto.

(La golondrina azul agarra el micrófono con sus alas e imita a un cantante. Joaquín se ríe).

GOLONDRINA AZUL. Joaquín, muchas gracias. Desde ahora, la pajarera será mi hogar y tú, mi compañero de habitación.

(Joaquín, sonrojado, se ríe).

(Suena el timbre de la casa).

JOAQUÍN *(entusiasmado).* Son mis amigos. Iré a jugar con ellos. Adiós, Azul. Disfruta tus regalos y tu casa.

GOLONDRINA AZUL. Adiós, Joaquín. Diviértete.

(Azul se queda en la habitación disfrutando los regalos y la pajarera. Las horas pasan y el entusiasmo empieza a convertirse en desencanto).

GOLONDRINA AZUL *(triste).* Joaquín me ha dejado aquí sola y no regresa.

(Azul decide caminar hasta la ventana).

GOLONDRINA AZUL *(gritando).* Joaquín, mírame.

(Joaquín sigue jugando con sus amigos).

GOLONDRINA AZUL *(triste).* Él está allá divirtiéndose con... ¡sus amigos! Se ríe con ellos. Nadie se burla de él, aunque pierde el balón con facilidad.

(Azul guarda silencio un momento).

GOLONDRINA AZUL *(reflexionando).* Uno se divierte con los amigos. No debí ser grosera con ellas. Ni Púrpura ni Amarilla ni Verde se han burlado de mí. Solo querían ayudarme.

(Azul recuerda las palabras de la abuela y sonríe).

GOLONDRINA AZUL. Además, soy muy afortunada al poder volar. No todos los animales pueden hacerlo.

Detective del lenguaje	En la oración subrayada, ¿qué significan los puntos suspensivos?

(La golondrina azul recordó cómo jugaba con la bandada cuando ninguna sabía volar).

GOLONDRINA AZUL. Era divertido jugar con ellas. Púrpura se tropezaba con todo. Amarilla extendía las alas al estornudar. Verde arrastraba las plumas al caminar. Ninguna decía algo sobre las torpezas de las demás.

(Joaquín abre la puerta de un golpe).

JOAQUÍN *(agitado).* ¿Te has divertido? *(Azul afirma con la cabeza)* Vine por un juguete y regresaré con mis amigos.

GOLONDRINA AZUL. Joaquín, debo decirte algo. Tu regalo es muy lindo y me siento feliz viviendo contigo. Pero, al verte jugar, he comprendido que uno necesita amigos y que yo soy un ave. Vivo en el jardín y vuelo de árbol a árbol, planeo y desde el cielo veo las puestas de sol.

(Joaquín abraza a Azul. La lleva a la ventana y juntos observan cómo las golondrinas juegan).

JOAQUÍN. Sí, es allá donde debes vivir. Ellas son tus amigas. Te aprecian y te quieren como eres. ¡Es hora de despegar tus alas, extenderlas y volar con ellas!

Escena 4

Una buena decisión

(Joaquín y la golondrina azul están en la habitación. Joaquín va a abrir la ventana).

GOLONDRINA AZUL. Joaquín, antes de irme, ¿querrías darme un consejo?

JOAQUÍN *(sonriente).* Claro, Azul. ¿Sobre qué?

GOLONDRINA AZUL. ¿Cómo puedo disculparme con mis amigas?

JOAQUÍN. Eso es fácil. Solo tienes que decir que lo sientes muchísimo, que has reflexionado y que cambiarás tu actitud de ahora en adelante.

GOLONDRINA AZUL *(entusiasmada).* También les diré por qué prefería estar sola y les contaré qué era lo que temía.

JOAQUÍN. Ellas lo entenderán. Y seguro te dirán que ninguna se burlaría de ti.

GOLONDRINA AZUL. Eso solo estaba en mi imaginación. Ahora sé que uno necesita a sus amigos para reír, jugar, volar y superar los miedos y las tristezas.

(Joaquín abre la ventana. Azul extiende sus alas, pero en lugar de volar, le da un cálido abrazo a Joaquín y le agradece por su hospitalidad).

GOLONDRINA AZUL *(con cariño).* Aunque no eres de la bandada, eres mi mejor amigo, Joaquín. Me ayudaste cuando lo necesité.

JOAQUÍN *(con una sonrisa).* Y tú eres mi mejor amiga, Azul. Y las golondrinas también querían ayudarte.

(Azul se reúne con su bandada).

GOLONDRINA AZUL. Amigas, quiero disculparme. Fui muy grosera. No volverá a ocurrir.

GOLONDRINA AMARILLA *(sonriente).* ¡Bienvenida!

GOLONDRINA VERDE *(alegre).* Eres muy valiente al reconocer que te has equivocado.

GOLONDRINA PÚRPURA *(con cariño).* Como dice la abuela, el vuelo es el regalo más valioso que nos ha dado la naturaleza y debemos disfrutarlo.

(La abuela golondrina, quien está posada en la copa del árbol contiguo, observa lo ocurrido).

ABUELA GOLONDRINA *(con satisfacción).* Esa es una gran golondrina. La bandada está completa de nuevo.

GOLONDRINA AZUL *(tímida).* ¿Vamos a volar juntas?

GOLONDRINA AMARILLA. Eso ni se pregunta. ¡Vamos!

(Las golondrinas alzaron vuelo e hicieron acrobacias. Como Azul no sabía hacer algunas, las demás le enseñaron. Azul se sintió muy feliz, al igual que sus amigas).

GOLONDRINA AZUL. Golondrinas, vayamos a la casa del jardín. Quiero presentarles a alguien.

GOLONDRINA PÚRPURA *(con curiosidad).* ¿A quién?

GOLONDRINA AZUL *(guiñando el ojo).* No preguntes, Púrpura, y sígueme.

(Todas las golondrinas siguieron el vuelo de Azul. Llegaron a la ventana de Joaquín).

JOAQUÍN *(con alegría).* Azul, ¡regresaste!

GOLONDRINA AMARILLA *(sorprendida).* ¿Ustedes se conocen?

JOAQUÍN. Somos amigos. Los mejores. Entren a mi habitación. Ya les sirvo unas migajas de pan para que coman, y celebraremos juntos que Azul está volando con ustedes.

GOLONDRINA VERDE. ¿Cómo se conocieron?

JOAQUÍN. Eso no importa. Lo realmente importante es que Azul está de regreso, venció sus temores y ahora es gentil con sus amigas.

(Joaquín sirve las migajas de pan y las golondrinas empiezan a comerlas. Son las mejores migajas que han comido).

Detective del lenguaje	En la oración subrayada, ¿cuál es el complemento directo? ¿Por qué?

GOLONDRINA VERDE *(señalando con su ala la habitación dorada).* ¿Qué es esto, Joaquín? Parece la casa del Ave Fénix.

JOAQUÍN *(orgulloso).* Es la habitación de Azul. Le construí una pajarera, con comedor, gimnasio y cama, y hasta tiene un micrófono. Creí que, si Azul vivía aquí, sería más feliz que en el jardín.

(Entonces, Joaquín relata lo sucedido y cómo Azul se da cuenta de que tener amigos es muy importante).

GOLONDRINA AZUL. Así es, amigas. Gracias a Joaquín me di cuenta de la importancia de tener amigos. Y la abuela me enseñó cuán importante es volar.

JOAQUÍN. Además, Azul se dio cuenta de que su actitud grosera y malhumorada no era apropiada. Por eso, salió de aquí a disculparse con ustedes.

(Las golondrinas le dieron un aplauso a Azul).

ABUELA GOLONDRINA. Joaquín, gracias por ayudar a Azul y por construirle una habitación tan bonita.

GOLONDRINA VERDE. Eres un niño muy amable.

JOAQUÍN *(sonriente).* No fue nada. Además, Azul ya sabía que había hecho mal. *(susurrando)* Escuché su conversación con la abuela. *(todas las golondrinas ríen).*

(El resto de la tarde, Joaquín y las golondrinas juegan en su habitación).

Respuesta a la lectura

Resumir

A partir de los detalles más importantes de *La golondrina aprende una lección,* resume la obra de teatro. Utiliza el organizador gráfico como ayuda.

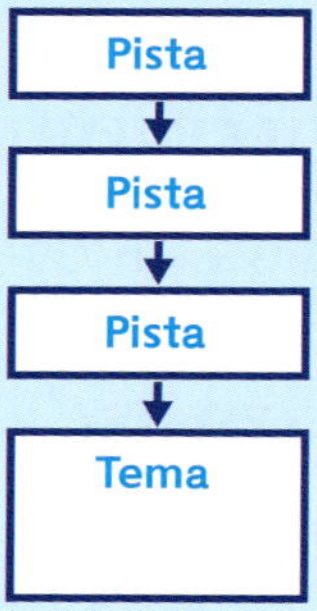

Evidencias del texto

1. ¿Qué características de *La golondrina aprende una lección* te indican que es una obra de teatro? GÉNERO

2. ¿Cómo es la actitud de la joven golondrina hacia el resto de la bandada? TEMA

3. En la página 6 aparece la palabra *torpe.* ¿Qué antónimos tiene esta palabra? ANTÓNIMOS

4. Escribe cómo la habitación dorada de Azul le ayuda a comprender que ha tenido una mala actitud con sus amigas golondrinas. ESCRIBIR SOBRE LA LECTURA

Género Misterio

Compara los textos

Lee sobre un animal que resuelve un misterio.

El misterio de los perros con manchas

—Señora Mejorana —dijeron los animales—, ¿adónde se dirige?

—Acabo de ver un anuncio en el periódico —dijo la señora Mejorana—: "Venta de auténticos cachorros dálmatas, a buen precio".

Aunque, al principio, Perro Detective no oyó, al rato se despertó de un agradable sueño gracias al graznido de Pato.

—¿Qué pasa? —preguntó Perro Detective.

—La señora Mejorana quiere un cachorro dálmata —dijo la gata Tabita.

Perro Detective fue a hablar con la señora Mejorana, quien le dijo cuánto costaba el cachorro.

—Es muy costoso —respondió este—, lo mejor es que yo la acompañe.

—¿Podemos ir también? —preguntaron todos los animales.

—No todos —dijo Perro Detective, pero Oveja, Ganso, Pato, Cerdo y la gata Tabita se apiñaron en el carro de todos modos.

Después de recorrer un corto trecho, llegaron a una granja.

La señora Mejorana llamó a la puerta, un hombre abrió y los miró a todos.

—Hemos venido a ver sus cachorros —dijo la señora Mejorana.

—Vengan por acá —replicó el hombre.

Los llevó al establo.

—Aquí están, tienen suerte de que no los haya vendido. La gente ha estado llamando todo el día.

—¡Qué tiernos son! —dijo Ganso.

—¡Qué pequeños! ¡Y con manchas! —dijo Cerdo.

—¿Qué edad tienen? —preguntó Perro Detective.

—Tan solo tienen unos cuantos días —dijo el dueño.

—¿Son auténticos cachorros dálmatas? —preguntó Perro Detective.

—Sí —respondió el hombre—, ¿ve sus manchas?

—¿Qué piensa, usted? —le susurró la señora Mejorana a Perro Detective.

—Señora Mejorana, estos cachorros son muy tiernos, pero no son dálmatas auténticos. Le aconsejo que no compre ninguno.

—¿Cómo sabe que no son dálmatas auténticos? —preguntó la señora Mejorana, mirando cómo retozaban los cachorros en su corral.

—Estos cachorros tan solo tienen unos pocos días y ya tienen manchas —dijo Perro Detective—. Los cachorros dálmatas nacen sin manchas. ¡Estas son pintadas!

—Perro Detective, ¡usted es tan inteligente! Me alegra que haya venido conmigo —dijo la señora Mejorana.

Haz conexiones

¿Cómo ayuda Perro Detective a la señora Mejorana? **PREGUNTA ESENCIAL**

¿En qué se parecen la abuela golondrina, de *La golondrina aprende una lección,* y Perro Detective, de *El misterio de los perros con manchas*? **EL TEXTO Y OTROS TEXTOS**

Enfoque:
Género

Drama Las obras de teatro son relatos que se escriben para ser representadas ante un público. El texto se concentra en el diálogo y las interacciones de los personajes. Hay también acotaciones de escena que describen cómo hablan los personajes, qué sienten o qué hacen. Las obras de teatro tienen escenas en lugar de capítulos.

Lee y descubre En *La golondrina aprende una lección,* las acotaciones de las escenas están en itálicas y entre paréntesis. Estas les indican a los actores qué deben hacer o cómo deben hablar. Primero está el nombre del personaje; luego, vienen las acotaciones; y, después, lo que dice el personaje.

Tu turno

Vuelve a leer la página 4. Identifica las acotaciones que indican qué dice cada personaje y cómo lo dice.

Vuelve a leer la página 7. Escribe una escena en la que se muestre cómo la abuela golondrina ayuda a Azul a volar de nuevo con la bandada. Recuerda emplear los elementos del texto que indican quién habla, cómo habla y qué dice.